나의 아름다운 엄마, 김영희

김영희

나의 아름다운 엄마,

소재웅 지음

엄마를 수식하는 형용사를 고민했다.
'아름답다'라는 낯뜨거운 형용사가 떠올랐다.

목차

프롤로그   8

챕터 하나. 햄없는 김밥   11
챕터 둘. 아토피   39
챕터 셋. 야, 밥 먹고 가   69
챕터 넷. 김언중   95
챕터 다섯. 엄마의 허리   129

에필로그   142

프롤로그

2021년 6월 28일 새벽 3시 58분.
엄마가 세상을 떠났다.

한 존재의 삶은 죽음을 통해 비로소 완성되는 거 같다.
장례식장에서 수많은 조문객의 위로를 받으며
엄마가 남기고 간 풍성한 유산들을 발견할 수 있었다.
사랑, 환대, 관심, 위로, 격려, 화평…
엄마는 그 가치를 온 몸으로 살아내셨구나, 싶었다.

사실 이 책은 엄마 생전에 완성된 책이다.
엄마가 힘들어할 때 힘을 드리려 아들이 만든 책이었다.
2021년 봄, 당시 소량으로 10권을 제작해 가족들끼리 나누어 가졌다.

엄마를 먼저 하늘나라로 보내드리고
장례식장에 엄마 성경책과 함께 이 책을 놓았다.

엄마를 아끼는 조문객들 중 몇몇 분은
이 책을 유심히 들여다보았다.
여분이 더 없느냐고 물어보는 분들도 있었다.

그래서,
남겨진 가족에게 깊은 위로와 사랑을 주고 떠난 조문객들에게
어떠한 보답을 드릴까 고민하다가 이 책을 드리기로 하였다.

처음 제작된 10권의 책은 꽤나 두껍고 큰 사이즈의 책이었다.
내용은 그대로 담되 좀 더 심플하게 다시 제작했다.

이 책은 쉽게 말해 '아들이 바라보며 느낀 엄마의 삶'이다.
우리 엄마는 이런 분이었어요, 라는
아들의 외침 같은 거다.

이 책이 엄마를 아끼는 분들에게
김.영.희, 라는 존재를 다시 기억하는 소중한 통로가 되기를
소망한다.

난 앞으로도 엄마라는 존재를 치열하게 기억하며
다시 만날 그 날까지 엄마와 함께하려 한다.

그게 아들이 할 수 있는 최선이고,
삶과 죽음을 넘어 존재와 존재가 이어질 수 있는 유일한 길
아닐까.

- 아들, 소재웅

보통 김밥에는 햄이 들어간다.
우리집 김밥에는 햄이 없었다.

햄 없는 김밥.
여기에 나의 엄마가 담겨 있다.

챕터 1

햄없는 김밥

외갓댁 뒤편 옥수수밭으로 추정된다.
이 장소는 나랑 누나 단골 촬영 장소였다.
엄마는 가끔 이야기한다.
"재웅이가 어렸을 때는 얼굴이 동글동글했는데
어느 순간 길-어졌어."

햄 없는 김밥

엄마를 떠올리면 '헌신'이라는 단어가 따라온다.
엄마는 자녀들에게 헌신적인 엄마였다.

엄마는 어릴 적 김밥에 그 흔한 햄도 넣지 않는 엄마였다.
덕분에 엄마가 만든 김밥은 내 입맛에
그리 맛있었던 적이 없지만,
지금 와서 생각해보면 그것 역시 자녀에 대한
엄마의 헌신이었다.

조금이라도 좋은 재료로 음식을 만드려는 마음,
그걸 표현할 수 있는 최고의 단어는 '헌신' 외에는
떠오르지 않는다.

우리 집 두 명의 반장

누나랑 나는 초등학교 시절 여러 번 반장을 했다.
누나는 두 번, 나는 무려 다섯 번.

당시 초등학교는 선생님이 왕이었다.
엄마는 누나와 내가 반장이라는 이유로
소풍 때면 새벽부터 일어나 선생님 도시락을 챙겨야 했다.

엄마는 무덤덤하게 무언가를 준비하는 타입이 아니었다.
입이 쑤욱 나와 끊임없이 투덜거렸다.

"니들 때문에 엄마가 이게 웬 고생이냐"라는 식의,
즐거운 투덜거림이었을 거다.
당시 난 엄마의 투덜거림을 그리 진지하게 여기지 않았다.

이래저래 5+2, 7명의 선생님을 밀착마크해야 했을 엄마의 수고가,
쌓이고 쌓여 난 무난한 초등학교 생활을 이어갔다.

반장선거

초등학교 2학년 2학기 반장선거.
1학기 때 난 1표밖에 안 나왔다.
1표 차로 떨어진 게 아니라
1표가 나왔다.
내가 뽑은 표였다.

절치부심 2학기 때는 연설문을 준비했다.
"안녕하십니까 저는 진주 '소', 실을 '재'
수컷 '웅' 소재웅입니다."

1차 투표에서 21표가 나왔다.
2등은 16표.

2차 투표 들어가기 전,
2등을 한 녀석이 "짜장면 시식"을 공약으로 내걸었다.

결국 21대 19로 승리.
내 생애 첫 반장이 된 순간이었다.

엄만 분명 이 글을 읽으며,
'쟤는 기억력도 좋아.' 할 거다.

1997년, 화이트데이

서울에서 살다 행신동으로 이사왔을 때,
난 이 동네가 정말 맘에 안 들었다.

이사온 지 한 달 쯤 되었을 때,
나는 다시 이사 가자며 펑펑 울었다.

엄마도 무진장 속상했을 거다.
그 날이 화이트데이였다.

학원 갔다가 밤 늦게 집에 돌아온 나는,
학원 버스에 내리자마자 '파리 바게뜨'로 향했다.
엄마에게 줄 사탕 꾸러미를 샀다.
2,700원이었다.

집에 들어가 그 '사탕 꾸러미'를 드렸다.
엄마는 행복해했다.

내 나름대로의 엄마에 대한 '위로'였다.

홍익교회

사람은 적응의 동물이다.

그렇게 싫었던 이 동네지만,
한 달쯤 지나자 적응되기 시작했다.

그 중심에 교회가 있었다.
홍.익.교.회.

엄마도 나도 홍익교회에 터를 잡고
수월하게 이 동네에 적응했다.

가끔 엄마는 '왜 이곳에 이사왔을까?'
후회 섞인 말을 던지기도 한다.

하나님은 우리에게 교회를 선물로 주셨다.
홍.익.교.회.라는 선물을.

니가 아빠를 울려?

고등학교 3학년,
아버지한테 열나게 얻어 터졌다.

술 마시고 아버지한테 거짓말해서 맞았다.

아버지는 날 때려놓고 본인이 펑펑 우셨다.
나도 울었다.

어머니는 다음날 내 얼굴 맛사지를 해주면서,
나에게 그랬다.

"야, 니 아빠가 할아버지 돌아가셨을 때도 안 울었던 사람인데,
니가 아빠를 울려?"

엄마의 그 말엔
자신의 남편이 지켜온 것을 무너뜨린 아들에 대한
원망과 질책이 담겨 있었다.

엄마의 얼굴 맛사지는,
사실상 (우리가 흔히 쓰는) 싸대기에 가까웠다.

정확한 위치는 잘 기억나지 않는다.
앞이빨이 다 빠져 웃고 있는 동그란 나, 그리고 지금의 나.
그때의 나와 지금의 나는 꽤나 다르게 보인다.
하지만 엄마 입장에서는 똑같을 거다. 사랑하는 아들.

아줌마, 재웅이 죽었어요.

여섯 살이었을 거다.
동네 잔디밭에서 형들이랑 놀았다.

그럴 때가 있다.
'아, 이러다 다치겠다' 싶은 순간.

형 한 명이 나에게 장난을 쳤고
난 순간 기절했다.

내 친구 녀석은 엄마한테 가서
"아줌마, 재웅이 죽었어요"라고 했다.

난 못이 이마를 찔러서 잠시 놀라
기절한 것뿐이었다.

엄마는 그때,
얼마나 놀랐을까?

최정호

여섯 살 대전 시절,
난 사고뭉치였다.

최정호라는 친구가 있었다.
나 때문에 고생한 녀석이었다.

엄마도 생생히 기억한다.
내가 맨날 같이 걸어가다가
갑자기 뛰어가면,
정호는 눈물을 터뜨렸다.

한 번은 정호 아버지가
나를 집으로 불러들였다.

둘이 싸움을 붙였다.
결론은 기억이 안 난다.

엄마를 종종 놀라게 한
사고뭉치 소재웅.

너희들, 얼마나 이뻤는지 몰라

엄마가 가끔 하는 말이 있다.

"너네 샤워시켜놓고 딱 앉혀놓으면
얼마나 이뻤는지 몰라"

나도 그렇다.
애들 낳아서 키워보니,
샤워시켜놓고 뽀송뽀송할 때 그렇게도 사랑스럽다.

엄마도,
이렇게 우리를 사랑했겠지.

아니, 더 뜨겁게.

한 팔로는 딸을, 한 팔로는 아들을,
엄마는 늘 최선을 다해 우리들을 사랑했다.

엄마의 형편없는 볼링실력

내가 초등학교 때 볼링이 한창 유행이었다.
엄마도 열심히 볼링을 배웠다.

볼링치는 엄마를 구경 가면,
엄마가 볼링치는 자세가 늘 흥미로웠다.

공을 미는 것도 아니고,
굴리는 것도 아니고,
사실상 그냥 공을 놓고 오는 엄마의 폼.

엄마는 볼링치는 게 그리 재미없었을 거다.
그보다 엄만 동네 아줌마들과의 교제가 좋지 않았을까?

엄마 인생에도 '스키'라는 게 있었다.
가뜩이나 운동을 좋아하지도 않고,
겁도 많은 우리 엄마는 스키 타는 게 얼마나 고역이었을까.
그래도 그 스키 덕분에 우리 가족은 추억을 많이 쌓았다.

외할아버지가 돌아가신 날

내가 초등학교 5학년이었던 일요일 밤,
잠깐 밖에 나갔다오자 엄마가 그랬다.

"외할아버지 돌아가셨어. 그러니까
너무 떠들지 말고 있어."

난 방에 들어가서
소리 죽여 울었다.

할아버지 장례식이 진행됐고,
그 후로 엄마는 외갓댁에 갈 때면 이모랑 같이 울었다.

엄마의 청년 시절. 정확히 언제인지는 모르겠다.
난 이목구비가 더욱 선명하고 또렷했던 그 시절의 엄마보다
지금의 엄마가 더 자연스럽고 좋다.

늘 정갈했던 엄마의 패션

엄마는 늘 옷을 깔끔하게 입었다.
큰 돈을 들이지 않고도,
정갈하게 입었다.

얼굴도 예뻐서,
누가 봐도 아름다웠다.

옷을 고르고 입는 모습을 보며,
난 엄마의 지혜를 느낀다.

엄마는 흔히 말하는 '사진빨'이 잘 안 받았다.
엄마의 외모나 엄마가 가지고 있는 특유의 에너지가
사진을 통해서는 표현이 잘 안 되었다고나 할까…
그래서 왠지 엄마가 이 사진을 좋아하지 않을 거 같지만,
그래도 실었다. 역설적으로, 이건 엄마다운 사진 같아서.

시댁에 불어넣는 엄마의 에너지

엄마는 늘 시댁 식구들과 유쾌하게 소통했다.
개성 강한 고모들을 대할 때도,
어려울 수밖에 없는 시어머니를 대할 때도,
엄마는 유쾌했다.

지금도 엄마는 활력소다.

엄마가 있으면,
친가집에 활기가 돈다.

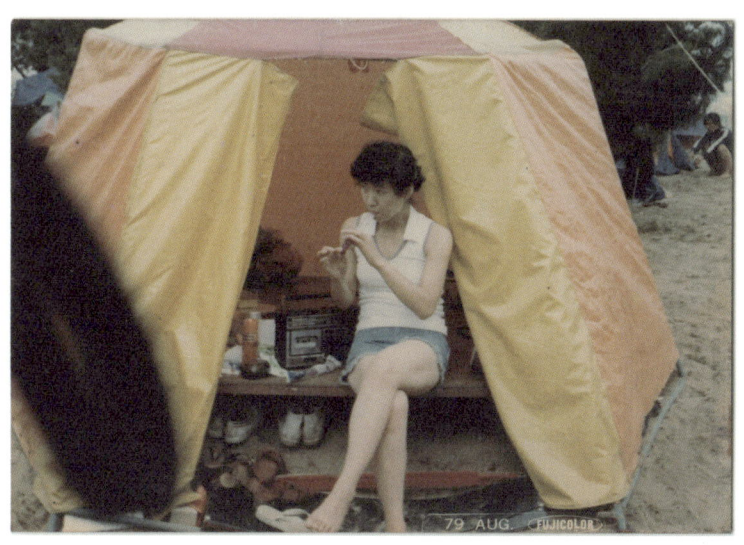

인화된 사진 아래 날짜를 확인해보니 79년이다.
아마 아빠와 연애하던 시절의 사진 같다.
쭈쭈바를 먹으면서 어딘가를 응시하는 표정.
자세히 확대해보니 우리 엄마 웬만한 연예인보다도 섹시하다.

엄마의 강매역 픽업

재수하던 때,
엄마는 아침마다 나를 강매역에 태워다주었다.

차가 좀 막혀 시간이 빡빡할 때면,
엄마는 내게 짜증을 냈다.

너 때문에 내가 이게 무슨 고생이냐는 취지의 잔소리였다.
당시 난 엄마의 잔소리가 거슬리지 않았다.

좋은 대학에 가지 못한 게 미안했기 때문이다.

아들의 삼수 시절

엄마에게 내 삼수시절은
어떻게 기억될까.

가끔 그 시절을 이야기하며
엄마는 이야기한다.

"그 때 너 학원 갔다오면 먹이느라구
내가 살이 쪘어."

나로선 그 시절이 엄마와 우정을 쌓는
소중한 시간들이었다.

한 번에 대학에 갔다면,
내 인생의 한 부분은 비어있을 거다.

그건 엄마도 마찬가지 아닐까?
지극히 이기적인 내 생각이긴 하지만…

당신이 내 맘을 알아?

삼수하고 서강대 합격 발표를 확인한 날,
엄마는 현관에서 짐을 놓고 엉엉 울었다.

진짜? 진짜? 진짜?를 거듭 외치곤,
아빠한테 전화를 걸었다.

아마도 아빠는 "뭐 그렇게 우느냐"고 하신 거 같다.
엄마는 아빠를 향해, "당신이 내 맘을 알아?"라며 엉엉 울었다.

2004년 1월 16일 오후,
엄마의 쏟아졌던 눈물.

엄마의 눈물

가끔, 아주 가끔,
서강대 합격 소식을 듣고 흘렸던
엄마의 눈물을 떠올려본다.

엄마는 그 때 왜 그렇게 울었을까.
난 그 이유를 다 알 수 없다.

엄마는 나보다 훨씬 다양하고 무거운
걱정들에 짓눌려 있었을 거다.

그 걱정들이 '서강대 합격'이란 소식과 함께
훨훨 날아가 버렸던 걸까.

엄마는 여전히 이렇게 산다.
자식 사랑, 자식 걱정을 반복하며.

군대 가던 날

2005년 1월 4일, 군대 입대하던 날.
새벽에 일어나 아침을 먹고 옷을 갈아입고 현관문에서
운동화 끈을 맸다.

고개를 슬쩍 들어 엄마를 보니
엄마는 슬프게 울고 있었다.
눈이 벌겠다.

"갔다 올게 엄마" 했더니
말을 못하고 고개를 숙이며 손짓만 저리 가라고 한다.

청량리역에 도착해서 엄마에게 전화가 왔다.
"엄마가 울었던 건 너가 잘 커서 군대 간 게 감사해서
그런 거"라고.

엄마는 그랬다.

1983년 11월, 내가 태어난 지 이제 막 한 달이 지났을 때. 감사하게도, 우리 가족은 지금껏 큰 탈 없이 잘 지내왔다. 엄마와 아빠의 성실한 헌신 덕분이다.

'아토피'라는 단어는
나와 엄마를 연결해준다.

얼마 전 엄마는 내게 물어보았다.
"너 요즘은 아토피 없어?"
"그럼 없지"라고 답했다.

있어도 없다고 답했을 거다.

챕터 2

아토피

아토피

엄마는 자주 속상해했다.
내 아토피의 흔적을 볼 때마다.

그땐 왜 그렇게
호들갑을 떠나 싶었다.

종종 선율이가 간지럽다며
온 몸을 긁을 때가 있다.
온 몸이 벌개지도록.

엄마는 얼마나 속상했을까.

긴 코트에 흰색 목도리, 그리고 흰색 모자.
쉽지 않은 패션을 훌륭히 소화해낸 엄마의 청년 시절.

엄마의 화단

엄마가 "야, 이것 좀 봐라" 할 때
난 대체로 뚱~하게 반응한다.

엄마는 꽃 키우기를 즐긴다.
아들의 반응을 기대할 텐데,
내 반응은 늘 미지근했다.

지금은 좀 알 거 같다.
마음에 꽃을 안고 사는 엄마의 아름다움을.

이 사진을 보기 전까지만 해도
난 아빠가 기타를 쳤다는 사실을 전혀 몰랐다.
눈 감고 아빠가 기타를 치고 엄마는 해맑게 웃고 있다.
지금도 아빠가 뭘 하면 딱히 칭찬해주지 않는 엄마는,
아마도 저때도 비슷했을 거다.

생명력

엄마는 내게 '생명력'이다.

엄마에게선 '생명력'이 늘 머물렀다.
엄마는 한 번도 뚱-했던 적 없고,
무언가에 미지근하게 반응한 적이 없다.

'희로애락'을 선명하게 표현했다.
덕분에 우리집에는 늘 활력이 있었다.

엄마, 그리고 내 친구

엄마는 늘 내 친구들과
허물없이 지냈다.

종종 친구들을 집에 데려오면
유쾌하게 소통했다.

그래서 지금도 내 친구들은
엄마에 대한 기억이 선명한 편이다.

누나 친구들도 마찬가지다.
누나 친구들 역시
엄마와 허물없이 지냈다.

엄마는 한 사람을 향해
계산 없이 다가간다.
그게 비결일 거다.

세례 받는 엄마의 모습.
이 책을 만들며 사진을 뒤적거리다가 처음 본 사진.
내 기억 속 엄마는 꾸준히, 성실하게,
별다른 기복 없이 신앙생활을 잘 해나가셨다.

대표기도

교회에서 대표기도를 맡을 때면,
엄마는 늘 일주일간 예민했다.
삶의 모든 초점을 '대표기도'에 맞추었다.

한때는 '한두 번 하는 것도 아니고
왜 저렇게 긴장을 하는 거지' 싶었다.

하나님 보시기에 엄마가 참 예뻤을 거 같다.
매번 기도문을 쓰며 분투하는 엄마의 모습이.

엄마에게 제일 소중한 것

"니들이 사이좋게 지내는 게 엄마한테는 제일 중요해"
엄마가 누나랑 나에게 가장 자주하던 말이다.

엄마는 지금도 그게 제일 중요해 보인다.
그런데 나도 그렇다.
우리 애들이 싸우면, 속상하다.

동해 바다로 추정된다.
돌아보면 엄마랑 아빠는 무언가 로맨틱한 포즈를 취한 적이 없다.
이 사진도 그래서 무언가 어색하다.

소통

엄마는 소통을 즐긴다.
남녀노소 가리지 않고,
'존재'를 즐거워한다.

아무 것도 아닌 거 같은데,
깔깔깔 웃곤 한다.

나는 자연인이다

엄마는 〈나는 자연인이다〉를 좋아한다.
내가 봐도 엄마 스타일이다.

사람이 있고,
자연이 있고,
이야기가 있고.

이 세 가지를 엄마는 좋아한다.

엄마만의 '창'

주방에는 엄마만의 '창'이 있다.
싱크대 위에 달린 창으로 엄마는 세상을 엿본다.

엄마는 설거지를 하다가,
그 창으로 사람들을 보고 관계를 읽어낸다.

관심.
엄마는 세상에 마음을 열고 사는 사람이다.

커플룩이다. 아빠는 요상한 모자를 쓰고 있다.
우리 엄마 아빠, 참 풋풋하다.

한 손으론 나를 안고 한 손으로 확성기를 들고 있다.
이 촌스러운 파마머리는 엄마답지 않긴 하지만…

식당에서의 엄마

엄마는 식당에 가면 바빠진다.
엄마는 외식을 별로 즐기지 않는다.
바빠지는 이유는 따로 있다.

식당에 온 사람들을 유심히 관찰하며,
그들의 관계를 읽어낸다.
그러곤 우리들에게
분석 결과를 알려준다.

아빠는 늘 "뭐 그렇게 다른 사람들에게 관심이 많느냐"는
표정으로 쳐다보신다.

엄마는 그런 사람이다.
사람에게 관심이 많은 사람.

결혼 40주년 때 아빠는 엄마에게 "사랑한다"고 했다.
엄마는 편안한 말투로 말했다.
"그럼… 당신이 나 사랑하는 거 알지…"
난 그 말이 감동이었다.
엄마에게 사랑을 확신시켜준 아빠도,
그 사랑을 온전히 받으며 살아온 엄마의 말도…

냉면 망했던 기억

초딩 시절 엄마가 냉면을 했다.
첫 시도였다.

이래저래 헤매던 엄마는,
결국 맛없는 냉면을 만들었다.

아무튼 아빠도 맛없는 표정으로,
허겁지겁 냉면을 해치웠다.

엄마는 요리를 그리 맛나게 하는 스타일은 아니었다.
그래도 요즘 종종 엄마의 요리가 그리운 건,
엄마의 정성 때문이다.

맛있지만 영양가 없는 음식이 아닌,
맛은 좀 없어도 영양가가 있는 음식.

엄마가 지켜낸 가치는,
나이 들어보니 아주 소중한 것이었다.

칭찬에 인색한 엄마

엄마는 아들 칭찬에 인색했다.
아들은 그걸 몰랐다.
엄마도 그걸 몰랐다.

나이 들어 보니 아들은 알았다.
엄마가 칭찬한 적이 거의 없다는 걸.

엄마는 가끔 미안해한다.
그래놓고 여전히 칭찬에 인색하다.

아들은 이해한다.
그게 엄마 스타일이라는 걸.

나 11살 때. 그러니까 초등학교 4학년 때 동네에서 열린
〈어린이 동요 대회〉. 난 당시 〈윷놀이〉라는 노래로
우수상(최우수상 다음 상)을 탔다.
엄마는 대회에 나가는 나를 이쁘게 입히려고 반바지와 티셔츠
그리고 조끼를 샀다. 한껏 이쁘게 차려입은 나는
노래도 기가막히게 불렀고 상품으로 '미니 하프'를 탔다.

인간극장

엄마는 인간극장 매니아다.
인간극장 시청률에 큰 몫을 했다.

좋아할 수밖에 없는 이유가 있다.
엄마는,
보통 사람들의 평범한 이야기를 좋아하기 때문이다.

그게 엄마의 살아가는 힘이다.
평범한 이야기에 담긴 특별함을 볼 줄 아는 힘.

이런 엄마가,
아들은 때론 존경스럽다.

어릴 적 엄마와 아빠는 나랑 누나를 여기저기 데리고 다녔다.
그래서 누나와 나는 추억이 많다.
사진에 나온 공원(보라매 공원 같다)도 자주 왔다.
자녀 사랑에 부지런했던 엄마와 아빠.

아이구 어쩌냐

엄마는 교회 식구들의 희로애락을,
자신의 희로애락으로 여긴다.

나의 일과 그의 일을 분리시키지 않는다.
끌어안고 간다.
꽤나 피곤할 거다.

엄마는 말로 때우지 않는다.
재료를 사서 음식을 만들고 갖다준다.
손과 발로 사람들을 섬기고 사랑해준다.

엄마는,
그게 옳다고 여긴다.

나도 이제,
그게 옳다고 여긴다.

울보 소재웅, 그리고 엄마.
저 통통한 얼굴에서 매일 눈물이 흘렀다.
울보 소재웅을 다루느라 엄마도 꽤나 고생했을 거다.

다혈질

다혈질에는 두 가지 유형이 있다.
상처주는 다혈질,
그리고 귀여운 다혈질.
엄마는 후자다.

다행히 아버지는 그 반대다.
그래서 둘은 조화롭다.

실은 나도 다혈질이다.
그래서 난 엄마를 잘 이해한다.

사진을 다시 보니 엄마는 예쁘고 나는 참 못생겼다.
엄마는 자주 그랬다.
"넌 어째 이뻤던 적이 없었어"라고.
내가 봐도 두상은 크고 얼굴은 벌거스름하고, 딱히 이쁘지가 않다.

"난 돈을 못 모았어."

요 몇 년 엄마가 종종 했던 말이 있다.
"나는 돈을 못 모았어"라는,
자조 섞인 토로.

엄마 말이 맞는지 나는 잘 모르겠다.
아들이 보기엔 그렇다.
엄마는 주어진 재정으로 최선을 다해 살아냈고,
자녀들을 부족함 없이 가르쳤으며,
좋은 걸 먹이고 좋은 곳에 보내주었다.

아들이 보기에 엄마는,
제대로 재테크를 한 셈이다.

엄마,
엄마는 사랑을 열심히 모아서
그 사랑을 우리 집에 흘려보냈어…

엄마에게는 늘 '밥'이 중요했다.
아들에게 기어코 먹여야 하는 밥.

지금도 크게 다르지 않다.
엄마에게 나는 늘
'제대로 안 챙겨 먹고 다니는' 아들,
그래서 마음 쓰이는 아들이다.

챕터 3

야, 밥 먹고 가

야, 밥 먹고 가

2016년, 신대원 졸업이 미뤄졌다.
엄마 아빠의 실망감이 대단했다.

흥분한 엄마는,
다짜고짜 나를 보며 화내고 눈물을 쏟았다.
나도 억울한 마음에 같이 울었다.

한참 동안 걱정을 쏟아낸 엄마는,
나에게 한 마디 던졌다.

"야, 밥 먹고 가."

서울 대공원. 난 엄마 닮아 겁이 많아서 무서운 놀이기구는 잘 타지 못했다.

엄마는 외할머니 닮은 꼴

엄마는 생전에 외할머니를 답답해했다.
온갖 걱정 끌어안고 살아가는 외할머니를 보며
혼내기도 했다.

그런데 엄마도 점점 외할머니를 닮아간다.
자식 걱정 많고 노심초사 할 때가 많다.

엄마도, 그렇게 나이들어 간다.

1921년생 외할머니
1956년생 엄마.

니네 엄마 전화가 안 된다

엄마는 전화 통화가 잘 안 된다.
가끔 아빠한테 전화가 온다.
"니네 엄마 전화가 안 된다"

돌아보면 전화기 시절,
엄마는 전화통화가 잘 됐다.
전화 통화도 즐겨하는 편이었고.

핸드폰 통화는 왜 잘 안 되는지,
미스테리다.

아마도 추측컨대,
엄마가 핸드폰이랑 친하질 않아서,
그럴 가능성이 크다.

엄마의 전화

엄마에게 전화가 오면
빨리 받아야 한다.

몇 번 울린 것도 아닌데
금세 끊어져 있다.

엄마 성격이 급해서다.
몇 번 울리다가 안 받으면
그냥 끊는 거다.

그래서 난 엄마에게 전화가 오면
최대한 빨리 받는다.

나는 아빠 편

나는 주로 아빠 편을 든다.
그럴 때면 엄마는 욱한다.
"야, 니들이 몰라서 그래"

난 여전히 아빠 편을 자주 든다.
대놓고 그러진 않지만,
마음속으론 주로 아빠 편을 든다.

그렇다고 아빠를 더 사랑하는 건 아니다.
엄마가 내겐 더 애틋하고 소중한 존재다.

아빠가 주로 옳지만,
엄마를 사랑한다.

아빠도 사랑하지만,
엄마가 좀 더 애틋하다.

이게 아들 소재웅의 마음이다.

엄마 특유의 어색한 표정. 아빠의 흰색 난닝구.

엄마 닮아 눈물 많은 아들

초등학교 시절 자동문 같은 건 없었다.
다들 열쇠를 썼다.

엄마가 실수로 열쇠를 놓고 갈 때가 있었다.
집에 와도 집에 들어갈 수가 없는.

엄마를 기다리다가 엄마가 보이는 순간,
난 늘 울음을 터뜨렸다.

엄마에 대한 원망,
그 순간을 이기지 못하는 나의 화.
그것들이 눈물로 터져나왔다.

엄마는 지금도 종종 이 얘기를 꺼낸다.
그런데 눈물 많은 건,
엄마 닮아서 그렇다.

이 날 나는 놀러가자마자 바지가 홀딱 젖어버렸다.
그래서 엄마와 아빠는 하루 종일 나를 안고 다녔다.
엄마가 팔이 꽤나 아팠을 거다.

엄마의 습관

엄마만의 습관이 하나 있다.
핸드폰이 아니라 전화기로 전화를 할 때,
오랜 시간 전화를 할 때,
신문지에 글씨를 쓰는 습관.

엄마가 오랫동안 통화를 하고 나면,
신문지에는 큼지막한 궁서체 글씨들이 쓰여 있다.
전화 통화와는 딱히 관련이 없어 보이는 글씨체들.

별 의미없는 엄마의 습관이다.
아들밖에 모르는 엄마의 습관.

태어난 지 이제 막 2달이 지난 나를 안고 있는 엄마.
엄마는 첫째가 딸이었으니 둘째는 아들을 원했다고 한다.
돌아보면 엄마도 '아들 바보'였다.

엄마의 사랑

초등학교 시절,
비가 오면 교문에는 엄마들이 가득했다.

갑자기 비가 쏟아지는 날에는
우산을 갖다주러 오는 거였다.

엄마는 한 번도 온 적이 없다.
그렇다고 서운했던 적이 한 번도 없다.

어릴 때부터 엄마의 사랑을 충분히 느껴서 그렇다.
그래서 그냥, 엄마가 안 왔구나 넘어갔다.

난 지금도 엄마의 사랑을 확신한다.

구일 초등학교 입학식 사진. 왜인지 내 표정은 뽀루퉁하고,
엄마의 큼지막한 안경테가 어색하다.
엄마와 나는 구일초등학교로부터 비롯된 추억들을 많이 가지고 있다.

엄마의 칼럼

엄마는 좋은 칼럼은 모아둔다.
신문지를 오려서 서랍에 모아둔다.

예전에 자주 내게,
"이것 좀 읽어보라"고 했다.

요새는 그런 권유를 거의 안 한다.
아들이 그래봤자 안 읽는 걸 아는 거다.

가끔 서랍을 열고 쌓여 있는 칼럼을 본다.
두툼하게 쌓인 칼럼을 보며
엄마의 마음을 느낀다.

물론 읽진 않는다.

여기가 어딘지, 엄마가 무얼 하고 있는지 잘 모르겠다.
한 가지는 분명하다. 우리 엄마가 제일 예쁘다.

엄마는 외식 취소의 달인

엄마는 외식 취소의 달인이다.
"야 이렇게 먹을 게 많은데,
뭐하러 나가서 먹냐."

돈을 아끼기 위해서도 아니고,
엄마가 변덕이 심해서도 아니고,
엄마 특유의 식사에 대한 철학 때문이다.

엄마는 바깥 음식이 딱히 좋지 않다고 확신한다.
그 음식에 굳이 돈을 쓰느니,
좀 귀찮아도 집에서 좋은 음식을 해먹자는 주의다.

아주 가끔 식사를 준비해보니 알겠다.
엄마의 노력이 얼마나 귀한 건지를.

엄마는 우리 남매에게 뭐라도 주려고 노력했다.
그것이 먹을 것이든 아니면 학습과 관련된 것이든 말이다.

손자 손녀 저금통

첫 손자 재준이때부터,
엄마는 손주들의 저금통을 만들었다.

재준이,
재민이,
윤슬이,
선율이.

꼬맹이들도 뭘 안다고,
지들 저금통을 꼭 챙기곤 했다.

동전과 지폐로 꽉 찬 저금통을 보며
엄마는 무슨 생각을 할까.

저금통은,
손주들을 향한 엄마의 사랑이다.

엄마는 명석한 누나에게 기대를 많이 했다고 한다.
하지만 뺀질이 누나는 공부에 흥미가 없었다.
그나마 내가 공부 쪽으론 엄마를 기쁘게 해준 편이었다.

엄마와 할머니

내가 초등학교 시절,
친할머니가 종종 집에 놀러오실 때면,
밤늦게 엄마와 할머니는 누워 이야기를 나눴다.

엄마는 지금도 가끔,
젊은 시절 할머니의 무심함을 원망하곤 한다.

하지만 오히려 그런 할머니의 쿨함과,
엄마 특유의 털털함이 합쳐져서,
엄마와 할머니의 관계는 무난하게 이어졌다.

지금도 난 그 장면이 생생하다.
엄마랑 할머니가 누워서 두런두런 이야기 나누던 장면.

(기억력 좋은 나도) 내용은 기억 안 나지만,
내겐 아름다운 장면.

엄마는 가끔 "너희 작은 아빠가 살아 있었다면 참 좋았을 텐데" 한다.
실제로 작은 아빠는 분위기 메이커였다.
적절한 유머와 장난기가 있던 작은 아빠 덕분에 친갓집에는 활기가 있었다.

영희야

엄마는 오빠가 5명이나 있다.
오빠들은 엄마에게 "영희야" 부르신다.

엄마 이름이 김영희니까,
그건 당연한 거다.

그런데 외삼촌들이 엄마를 향해
"영희야" 부를 때면,
엄마가 다르게 보인다.

그렇지,
엄마도 한 가정의 여동생인 거지.
'영희'라는 이름을 가진 여동생.

내 엄마이기에 앞서,
여러 오빠들의 여동생.

엄마는 가끔 그런다.
외갓집에 여자가 더 많았다면
훨씬 행복했을 텐데…

엄마는 다혈질이다.
외가 식구들 모두 비슷하다.

다들 눈물이 많고
정도 많고
마음도 약하다.

사실 나도 비슷하다.

챕터 4

김언중

김언중

나 어릴 적,
엄마가 꽤 자주 해준 이야기.

엄마 이름은 원래 '김언중'이었다고 한다.
그런데 그 이름이 맘에 안 들었던 외할아버지가,
엄마의 할아버지 몰래 이름을 바꾸신 거다.

당시 할아버지들의 파워를 생각해보면,
엄마의 아빠(외할아버지)는 혼쭐이 났을지도 모른다.

그런데 엄마는 수년 전부터
이름이 바뀐 걸 아쉬워 하신다.

말씀 '언'에, 가운데 '중'.
이거 완전 교회 다니는 사람에겐 최고의 이름이니까.

코스모스보다 아름다운 엄마, 누나, 그리고 나.

엄마의 목소리

엄마는 목소리가 크다.
정확히 말하면 웃음 소리가 크다.

어릴 적 그 큰 예배당에서도,
엄마 웃음소리는 멀리서도 감지가 됐다.

그 시원한 웃음소리 덕분에,
엄마에게선 좋은 에너지가 넘쳤다.

사진을 들여다보니 어린이 날이다.
엄마는 '나랑 누나가 어렸던 그때'가 그리울까?

엄마의 기도

군입대 1년쯤 지났을 때,
차량 사고가 났다.
난 당시 운전병이었다.

아찔할 정도로 큰 사고였는데,
놀랍게도 난 털끝 하나 다치지 않았다.

운전자 과실로 영창에 갈만한데도,
어떠한 처벌도 받지 않았다.

군 제대 후 이 얘기를 엄마에게 나눴다.
엄마는 이미 지난 그 시간들을 떠올리며,
당시 매일 새벽기도를 했다고 이야기했다.

엄마의 기도가,
나를 살렸을 거다.

아마도 억지로 둘이 안으라고 한 거 같다.
내 표정이 안 좋다. 엄마 혼자 신났다.

엄마의 운전

엄마는 20여년 전,
운전을 했다.

뭐, 겁 많고 기계 다루는 데 미숙한 엄마의 운전은
당연히 어설펐다.
미성년자인 내가 보아도 엄마의 운전은
부드럽지 않았다.

주차할 때면 늘 넓은 공간을 찾았고,
운전 가능한 범위는 늘 정해져 있었다.

운전을 안 한지
십수년이 지난 지금,
강변북로를 달리는 엄마의 모습은 상상이 안 간다.

그런데 운전하는 엄마는,
뭔가 엄마답지 않다.

엄마가 특별히 좋아하는 사진이다. 내가 누나 치마를 입고 있는 사진.

엄마의 복음

복음은 각 사람을 통과하며,
저마다의 방식으로 드러난다.

만약 엄마가 복음을 정의 내린다면,
엄마는 뭐라고 이야기할까.
이렇게 말하지 않을까.

"백날 좋은 이야기한다고
복음이 아니에요.

몸을 움직여 섬기고,
만나서 이야기를 들어주고,
하여간 복음은 추상적인 게 아니에요."

어릴 적 자주 놀러갔던 인천 수봉 공원.
난 이맘때쯤 여기서 찍은 사진들이 정말 마음에 든다.

자연인 엄마

엄마는 집에선 자연인이 된다.
잘 벗고 다닌다.
아니, 이제 내가 결혼을 했으니
잘 벗고 다녔다, 라고 표현하는 게 맞겠다.

그래놓고 아빠가 벗고 다니면
그렇게 다니지 말라고 한다.

별로 설득력이 없는
엄마의 모순.

아름다운 나의 엄마, 김영희.

엄마의 숏다리

엄마는 허리가 길다.
다리는 짧다.
내가 엄마의 체형을 닮았다.

그런 나와 엄마의 차이가 있다면,
엄마는 엄마의 체형을 잘 커버하는 거다.

옷을 입어도,
엄마는 절묘하게 체형을 커버한다.

그래서 사람들은 잘 모를 거다.
엄마의 체형에 대해서.

한마디로 이건,
엄마의 지혜다.

대전 살 때. 엄마는 이때가 제일 행복했다고 가끔 고백한다.

엄마의 취미

엄마는 딱히 취미랄 게 없다.
취미라면, '수다' 정도일 거다.

그럴 수밖에 없는 게,
엄마는 사람 없이 혼자 몰입하여 하는 행동을,
즐기지 않는 편이다.

같이 만나 희로애락을 나누고,
이야기 주고받는 걸 좋아한다.

엄마는 자신의 취미를 뭐라고 이야기할까.
굳이 이야기하자면,
'사람과 나누는 커뮤니케이션'일 거다.

이쁜 남매. 옷 한 벌, 한 벌 사서
정성을 다해 입혔을 엄마의 손길을 생각해본다.

부천 할머니 댁 부근에서 눈싸움. 눈싸움 하러 나가기 전,
애들 옷 입히느라 수고했을 엄마의 손길을 생각해본다.
애들 키워보니 알겠다. 옷 입히는 게 얼마나 번거로운 일인지.

엄마의 얼굴 마사지

엄마는 밤마다 얼굴에 팩을 바른다.
엄마가 만든 팩.

이것저것 재료를 넣어 갈아서
얼굴 가득 바른다.

가끔 내 얼굴에도 해줬는데,
난 그 느낌이 너무 싫었다.

엄마는 꾸준히 피부를 관리했다.
엄마만의 방식으로.

덕분에 난,
늘 '예쁜 엄마'랑 살 수 있었다.

엄마의 옷 구매 습관

엄마는 옷을 사러 가면,
한 곳만 판다.

옷을 3벌 사면,
세 군데에 가는 게 아니라,
한 군데서 세 벌을 산다.

이건 엄마만의 옷 구매 철학이다.
그리고 거의 성공한다.

엄마는 한 평생
아들의 패션에 아쉬워했다.

귀농에 대한 엄마의 변덕

엄마는 1년에 한두 번은,
귀농에 대한 이야기를 한다.

지켜진 적 없는 이야기고,
귀농은 엄마랑 어울리지 않는다.

엄마는 사람이 좀 북적이는 곳에서,
이런저런 소통을 해야 행복한 사람이니까.

그래도 엄마는 귀농을 계속 꿈꿀 거다.
얼굴은 강남 스타일이어도,
엄마의 정서는 시골 정서니까.

이건 아마도 엄마가 요청한 포즈 같다.
그런데 너무나 예쁘다. 꽃을 들고 있는 남매라니!

조수석에서 자는 엄마

엄마는 아빠 차에만 타면 쿨쿨.
단잠을 잤다.

아빠가 워낙 명드라이버라서 그럴 수도 있고,
뭐 암튼 엄마는 단잠을 잤다.

아빠는 맨날 자는 엄마를 보며,
무슨 생각을 했을까.

1) 역시 나의 운전 실력이 대단하군.
2) 이 사람은 맨날 차만 타면 잠을 자나.
3) 나도 자고 싶다.

빨간색 프라이드.
은색 캐피탈.
초록색 소나타 투.
검정색 그랜져 TG.

우리집 차 변천사.

니네 아빠가 얼마나

엄마는 종종 나에게 아빠 칭찬을 한다.

아빠가 니네를 얼마나 사랑하는지 아느냐 등등,
그때그때 칭찬의 내용은 다르다.

그런데 이 칭찬 역시,
아빠에게 직접하는 거 같지는 않다.

칭찬에 낯선 우리 엄마.
아마 아빠도 가끔은 엄마의 인정이 필요할 텐데.

엄마,
이제 이런 칭찬은
아빠한테 직접 해줘!

소나무

내가 태어났을 때
엄마는 내 이름을
'소나무'로 짓고 싶었다 한다.

정확히 말하면 '소나무'가 아니라,
소남우(발음 상으론 '소나무').

엄마다운 생각이다.

그런데 그 이름도
난 좋았을 거 같다.

소나무는 좋은 나무니까.

할머니 장례식, 막내 딸의 느낌

2016년 외할머니 장례식 때,
나 역시 입관에 들어갔다.

8남매가 외할머니 시신을 둘러싸고,
눈물을 쏟았다.

할머니를 향해 8남매가 마지막 인사를 할 때,
엄마의 인사는 좀 독특했다.

엄마는 친구에게 인사하듯,
손을 흔들었다.

"우리 엄마, 잘 가…"

난 그 모습이 인상적이었다.
막내 딸 특유의 인사.

어릴 적 우리 가족은 바다에 자주 갔다.
물론 계곡도. 바다든 계곡이든 난 그래서 특별히 아쉬움이 없다.

인기 많은 고모

엄마는 외가에서 인기 많은 고모다.
사촌 누나 형들이,
엄마를 그렇게 대한다.

우리 외숙모들한테도,
엄마는 '얄미운 시누이'와는 거리가 있어 보인다.

엄마는 늘,
지혜롭게 관계를 맺으니까.

두루두루 살피며,
애정을 쏟아가면서.

외갓집 엄마의 조카들. 지금은 무려 50을 바라보는 조카들.

먹을 건 있냐?

결혼하고 나서,
우리집 자녀 수가 늘어가면서,
엄마가 통화 중 자주 묻는 말.

"먹을 건 있냐?"

이 말을 들으면 난 황당하다는 듯,
"엄마, 먹을 게 왜 없어."

엄마 마음이 그런가보다.
그냥 걱정되는 거.
잘 살고 있는지,
밥은 챙겨 먹고 다니는지.

울보 소재웅. 튜브를 타며 울먹이고 있다.

희로애락이 선명했던
늘 살아있던 우리 엄마.

엄마가 최근 몇 달
많이 힘들어했다.

몸도 마음도
고통스러워했다.

마음이 아팠다.

챕터 5

엄마의 허리

엄마의 허리

몇 년 전 엄마가 허리 시술을 받았다.
그 후로 엄마는 고생 중.

크게 허리 아파본 적 없는 나로선,
엄마의 아픔을 가늠할 수 없다.

하나둘 엄마 아픈 데가 더 많아질 텐데,
잘 헤아려야겠다.

한결같이 따뜻한 아들까진 아니어도,
윽박지르는 아들은 되고 싶지 않다.

아름답다. 빛 가운데 엄마와 아들이 마주보는 사진이.

엄마와 윤슬이

엄마는 우리집 첫째 윤슬이와
보통 이상의 교감을 한다.

윤슬이가 던지는 말을,
엄마는 신비롭게 바라보곤 한다.

엄마는 이렇게,
작은 목소리들을 잘 줍는다.

크게 거창한 거 말고,
작지만 소중한 목소리들.

엄마와 은하

엄마는 은하를
특별히 여긴다.

이제 우리 집 마지막 손주라 그런가,
아니면 어릴 적 나랑 닮아서 그런가.

엄마가 빨리 회복돼서
은하를 힘차게 안아주면 좋겠다.

엄마의 아들이라는 증거

엄마는 기내식을 아주 싫어한다.
비행기 타는 것도 싫어하고.

나도 엄마랑 아주 똑같다.
기내식이 못 견디게 싫고,
비행기만 타면 바로 내리고 싶다.

엄마의 아들이라는 증거 중 하나다.

하여간 엄마의 아들 사랑은 어려서부터 유별났다.
덕분에 나의 사랑 그릇은 늘 차고 넘쳤다.

엄마의 식사

엄마는 식사 때면 꼭 그런다.
"넌 왜 아무것도 먹질 않아?"
"나 먹고 있는데?"

반찬을 풍성하게 먹는 엄마는,
반찬을 조금씩 먹는 내가 답답한가보다.

그런 엄마는 늘,
집에서는 식사를 '준비'하는 데 힘을 쏟았다.

자식들 먼저 충분히 먹이고 나서
그제서야 자신의 밥을 챙기셨다.

이 사진의 정체를 난 알 수 없다.
다만 청년 시절 엄마의 모습이 풋풋하고 아름답다.

다정다감한 아들은 어려워

엄마는 요새 궁금한 건,
내가 아닌 아내를 통해 물어보곤 한다.

혹시나 내가 짜증낼까봐
비교적 친절한 아내를 통해 물어보는 거다.

엄마 마음도 이해가 간다.
늘 엄마에게 다정다감한 아들이 되고 싶지만,
그건 만만치 않은 일 같다.

다행이다.
아내는 나보다는 차분한 사람이라.

엄마의 주특기

엄마는 예전부터 먼 곳으로 이동할 때면,
이것저것 먹거리를 쌌다.

과일을 잘라서 통에 담고,
가는 길에 차에서 나눠주곤 했다.

이건 엄마의 주특기다.
보온병에 음료도 담고,
먹거리도 적절하게 챙기고.

난 이럴 때면 엄마의 지혜를 느낀다.

아름다웠던 우리 엄마
지금도 아름다운 우리 엄마

앞으로도,
영원히 아름다울 우리 엄마

에필로그 1

우리 만남은
1997년 겨울로 거슬러 올라간다.

저만치 떨어져 있어도 직감적으로 느낄수 있는 분위기!
나보다 예쁜 분이 다가왔다 분명 연상이신데 세련된 외모,
사슴같은 눈, 밝은 에너지가 그대로 느껴졌다.

스스럼없이 다가와 친절하게 물어보시는 옆집 언니 같은 푸근함에 놀라
그냥 내 마음의 경계도 스르르 풀어져버렸다.

범접할 수 없는 차도녀일 것만 같은 그 분!
그러나 이야기를 나눌수록 그 포근함에 빠져들고,
가까이 할수록 그 구수함에 녹아들고,
다가갈수록 그 가식 없는 웃음소리에 매료되었다.

도시에서 나고 자란 나는 반전의 매력이 넘치는 그 분이 참 좋다.
외모는 강남미녀인데
삶의 모든 스타일은 산과 땅에서 자라는 모든 생명에 관심이

지대하고
신선한 채소와 나물, 곡식, 과일을 즐겨하는 친환경 자연주의 시골아지매 같다.

하나님 만드신 모든 생명을 귀히 여기고
나무를 사랑하여 애기하고 꽃을 보며 노래한다.
숲이 드리운 오솔길을 걸으며
이 길이 삭막한 시멘트 건물로 가득가득 차오르지 않기를 소망하며
부지런히 피톤치드를 들이마신다.

햇수로 23년.
함께 울고, 웃고, 힘든 일 있을 때마다
친정엄마가 되어주고
같이 울고, 분노하고,
결국엔 기도로 마무리 하는 그분을 생각하니 또 눈물이 난다.

진정한 아름다움은 무엇일까!

바로 품이 넓은 마음이다.

안아주는 품,
울어주는 품,

다독이는 품,
용기 주는 품,
그렇게 그렇게 다
내어주는 품.

내가 32세! 그 분이 42세!
세월은 흘러 흘러

난 55세! 그 분은 65세!
손주들이 벌써 다섯 명
할머니를 할머니라 불러야 하는데
할머니라 불리우는 그 소리가 좋기도 하지만
못내 아쉬운 것은 나만의 생각일까?

내겐 너무 이쁜 당신
너무너무 곱고 아름다운
내가 사랑하는 당신은
귀하고 귀하다.

— 오랜 동생, 윤현자

에필로그 2

이 책은 무슨 의미를 담고 있을까.
질문을 던져본다.

엄마가 기억하면 좋겠다.
엄마의 사랑을 듬뿍 받은
그 아들이,
엄마의 사랑에 감사해하고 있다는 사실을.

엄마의 사랑은
매우 특별하고 깊었다는 사실을.

덕분에 이 땅 위에서
힘차게 살아갈 수 있었다는 사실을.

- 엄마를 닮은 아들, 소재웅

나의 아름다운 엄마, 김영희

서른아홉 아들이 써내려간 예순여섯 엄마와의 추억

초판 1쇄
2020년 7월 22일 펴냄

지은이
소재웅

북디자인
이정민 D_CLAY

인쇄
일리디자인

펴낸곳
도서출판 훈훈
경기도 고양시 덕양구 소원로 267
@hunhun_hunhun

ISBN 979-11-967762-6-8 (03190)

이 책의 판권은 지은이와 훈훈출판사에 있습니다.
허락 없이 무단복제와 이용을 금합니다.